Lb 48.
2622.

COURTE RÉPONSE

A UNE

BROCHURE INTITULÉE :

DE LA RÉVOLUTION

DANS SES RAPPORTS AVEC SES VICTIMES.

IMPRIMERIE DE GUIRAUDET,
Rue Saint-Honoré, n° 315.

COURTE RÉPONSE

A UNE

BROCHURE INTITULÉE :

DE LA RÉVOLUTION

DANS SES RAPPORTS AVEC SES VICTIMES.

AU PALAIS-ROYAL,

CHEZ LES MARCHANDS DE NOUVEAUTÉS.

1824.

COURTE RÉPONSE

A UNE

BROCHURE INTITULEE :

DE LA RÉVOLUTION

DANS SES RAPPORTS AVEC SES VICTIMES.

———

Je viens de parcourir une brochure intitulée « *De la Révolution dans ses rapports avec ses victimes* ». Cet ouvrage paraît avoir été conçu dans l'intérêt des émigrés; mais celui qui s'est fait leur avocat s'est étrangement trompé sur le but qu'il a cru atteindre. Si l'auteur tient à la *classe* qui réclame, c'est un orgueilleux ; s'il n'y tient pas, et qu'il n'en soit que l'avocat, c'est un maladroit. On gâte les plus belles causes en donnant de mauvaises raisons. Et je pense que les émigrés raisonnables et de bonne foi, il en est sans doute, n'adopteront pas l'espèce de mémoire que l'on a fait pour eux.

L'auteur commence par justifier l'émigration.

Il puise le droit d'émigrer dans la loi naturelle :
« Le droit de fixer sa demeure où il veut, et de respirer l'air qui lui convient, est un droit évidemment naturel. Dieu, en créant l'homme, lui a fait don de la terre entière ; et s'il l'entrave de gouffres et de barrières, il enseigne l'air de la franchir.

« L'homme a le droit divin ou naturel d'émigrer à volonté. Il a bien autrement le droit de le faire lorsqu'il y est forcé par le sentiment de son existence physique et morale. »

Ces principes sont rigoureusement vrais. Ils découlent de celui-ci : L'homme est libre naturellement.

Il est curieux de voir la noblesse invoquer la loi naturelle, c'est-à-dire la loi d'égalité. Mais gardez-vous de croire qu'elle accepte toutes les conséquences de cette loi : elle n'en prend que ce qui est nécessaire à ses besoins présens. Par exemple, elle vous parle de la liberté de faire ce qu'on veut, d'aller où l'on veut, parce que ces principes justifient l'émigration ; mais en même temps, elle vous parle de serfs, de vassaux, comme si la loi qui donne la liberté pouvait admettre l'esclavage. Il faut être conséquent. Je sais bien qu'on me dira. La liberté est faite pour ceux-ci, et non pour ceux-là ; mais le règne du mensonge est passé, il ne reviendra plus.

On invoque pour l'émigration le droit naturel; mais pour invoquer une loi, il faut être
sous son empire. Or étiez-vous sous l'empire
de la loi naturelle en 89, ou n'y étiez-vous pas?
Si vous n'y étiez pas, vous ne pouviez quitter
votre Roi, car vous aviez un pacte exprès ou
tacite avec lui. Si vous y étiez, vous pouviez
partir; mais du moment que vous invoquiez la
liberté vis-à-vis du Roi, le peuple pouvait invoquer l'égalité vis-à-vis la noblesse.

Dites-moi, le peuple devait-il quelque chose
à la noblesse? Non sans doute.

La noblesse devait-elle quelque chose au Roi?
Oui, tout : titres, honneurs, fortune.

A l'égard du Roi, la noblesse était sous des
lois particulières; son poste était près du trône :
c'est là qu'elle devait vaincre ou périr.

Et le peuple, me dira-t-on, ne devait-il rien
faire pour le trône? Le peuple aussi devait le
défendre, je suis juste; mais je dis que la noblesse y était plus obligée. Au surplus, il ne
s'agit pas du peuple ici : c'est à l'avocat des
émigrés que je réponds. Le peuple ne demande
rien que le maintien de ses droits.

La noblesse française a donné de grandes
preuves d'attachement et de dévouement à nos
Rois; il est des hommes que dans ma pensée
j'excepte de reproches. C'est à la masse des émi-

grés que je m'adresse. Rien à mes yeux ne peut justifier l'abandon de la patrie et du trône au moment du danger. Eh! qu'importent les biens et la vie quand il s'agit du devoir. » *La politique aussi-bien que l'équité*, dites-vous, *faisaient à Louis XVI un devoir de tolérer, d'enjoindre même l'émigration : s'il y avait un moyen de sauver l'état et de se sauver soi-même, c'était celui-là.* » L'ai-je bien lu? Quoi! la politique voulait que l'infortuné Louis XVI renvoyât ses défenseurs! Quoi! l'équité lui en faisait un devoir! Et que vous devait-il donc pour vous envoyer vous mettre à l'abri, quand il restait exposé à l'orage? Etait-ce en fuyant qu'on éloignait le fer de sa tête auguste? Etait-ce par delà les frontières qu'on pouvait briser les chaînes des royales victimes? Et quand même Louis XVI aurait ordonné qu'on le quittât, c'était là le cas de la désobéissance.

Mais ici le bout de l'oreille passe; notre auteur dit : « *J'admets la défense d'émigrer par le Roi, ou l'ordre de rentrer émané de lui : qu'importent ses volontés, s'il est vrai que le droit d'émigrer soit toujours un droit naturel, et même un droit nécessaire.* »

Ses défenses ou ses ordres n'auraient donc rien fait sur vous? Vous étiez décidés à émigrer, à abandonner votre Roi, et vous osez invoquer la loi naturelle, vous qui, par le seul fait que vous êtes titrés, n'êtes plus sous cette loi de la nature, qui ne connait pas de distinction.

Vous étiez sous la puissance d'une loi qui devait être gravée dans votre cœur, et qui vous défendait de quitter votre Roi. Cette loi, je n'ai pas besoin de la nommer.

Je ne suis pas noble, moi; mais si j'avais l'honneur de servir un prince, on passerait mille fois sur mon corps sanglant avant que d'arriver à lui : et cela doit être ainsi. Il ne s'agit donc que d'accepter ou de refuser le service.

Les princes avaient bien émigré, dit mon auteur. Vous vous comparez donc aux princes du sang ? Peste, quelle modestie ! Ce n'est rien, me dites-vous encore : nous sommes la *seconde majesté*. Oh ! pour le coup je n'ai plus rien à répondre : je me rappelle fort bien certaine grenouille.

Si les princes avaient émigré, ce n'était pas un motif pour vous d'en faire autant. L'arbre était menacé par la hache, il fallait sauver les branches; elles revivent plus tard, et vous en voyez la preuve. Mais vous, toute *seconde majesté que vous êtes*, auriez-vous fait revivre les lis, si on en n'eût pas conservé l'espèce ? Vous étiez donc bons au dedans, inutiles au dehors.

Nous nous sommes bien battus, dites-vous ? Les Français se battent bien partout. Vous n'avez fait que ce que vous deviez et que ce que tout autre aurait fait à votre place, eût-il trois cents quartiers de roture. Nous devions avoir des récompenses?... Oui, vous avez raison : les traits de courage, de bravoure, doivent être reconnus en tout et partout, et je ne doute pas que le gouvernement ne se soit hâté de récompenser vos belles actions, comme cela se fait ordinairement, par des grâces, des honneurs. S'il ne l'a pas fait, il doit le faire ; il le fera. Mais vous ne vous bornez point à des honneurs vulgaires : vous voulez des récompenses nationales. Vous voulez *qu'un monument porte au ciel vos noms gravés sur l'airain*. Que réserverez-vous donc au prince qui a réellement servi la monarchie?

Vous voulez des récompenses nationales, et vous prenez vos exemples dans le deuil de Mirabeau, l'apothéose de Marat; de *Marat?* y pensez-vous?

Vous dites que Bonaparte vous a rappelés par hypocrisie, et non par équité; qu'au fond il haïssait les émigrés. Il avait raison, puisque vous avouez que *ceux qui acceptaient des emplois le faisaient plus par besoin de vivre ou pour paralyser son despotisme, que par esprit de fidélité.*

Je vous demanderai comment on paralyse le despotisme en le servant? Est-ce en empêchant des mesures de rigueur? Si vous avez fait cela, citez-en des exemples. Mais on a dit ailleurs que vous vous applaudissiez des actes arbitraires de l'usurpateur, parce qu'ils le faisaient haïr et avançaient sa chute.

C'est pour vivre, dites-vous : à la bonne heure ; mais cela n'est pas héroïque. Pour vivre donc vous serviez l'usurpateur du trône de vos maîtres ! Il valait mieux travailler : loin de déroger, on se grandit dans un cas pareil ; ou bien il fallait mourir à la porte du palais.

Je n'examinerai point la légalité ou l'illégalité de la confiscation des biens des émigrés. Je vous déclare que je suis contre la confiscation, que je regarde comme l'apanage des gouvernemens despotiques. Vous avez cité Cicéron. A propos d'Aratus, vous auriez pu dire aussi qu'il s'est élevé confiscation, qui fut inconnue chez les Romains dans l'âge d'or de la république. *Orat. pro domo sua.*

C'est la loi *Cornelia, de proscript.*, qui l'établit sous le tyrannique Sylla. Trajan l'abolit. Vous savez ce que dit Pline à cette occasion.

Nous en devons, nous, l'établissement à Dagobert Ier ; et Dieu sait toutes les formes qu'elle peut prendre !

S'il plaisait aujourd'hui à trente mille individus de sortir de France et de s'armer contre elle, faudrait-il les laisser possesseurs paisibles de leurs biens ? faudrait-il les leur laisser vendre pour en employer le prix à se créer des moyens ? C'est cette question qu'il faudrait résoudre en pésant les droits de la légitimité et les droits du peuple.

Mais enfin les assemblées qui ont gouverné la France ont confisqué des biens ; la Charte a maintenu les droits des tiers. Le même droit ne peut exister pour plusieurs en même temps. Les anciens possesseurs n'ont plus de droits : c'est malheureux , je l'avoue de bonne foi ; mais c'est la vérité. Il faudrait, comme le dit mon auteur, que la législation et les actes de la révolution à l'égard [des émigrés fussent d'une nullité radicale. Et la Charte aussi sans doute ? Mais si tout ce qui a été fait contre les émigrés était nul , tout ce qui a été fait pour autre chose serait nul aussi. D'où je conclus que nous serions dans un tel embarras, que les émigrés eux-mêmes , malgré leurs désirs , ne voudraient pas profiter de l'avantage qu'ils pourraient en retirer.

Il faut donc prendre les choses dans l'état où elles sont. Les émigrés sont malheureux. Il ne doit plus y avoir de malheureux en France. La nation est grande , généreuse. Qu'elle donne aux émigrés une indemnité.

Est-ce une justice ? Non , dit la nation.

Est-ce une grâce ? Non , disent les émigrés.

Nous ne serons donc jamais d'accord. Vous, Messieurs les émigrés, qui receviez bien des grâces du gouvernement de l'usurpateur, vous ne voulez pas en recevoir du gouvernement légitime. Vous avez tort. Mais composons sur le mot seulement : il faut faire des concessions aux grands enfans; que ce soit *une justice gracieuse*. Là, êtes-vous contens? Autrement je ne puis plus rien pour vous.

Mais êtes-vous les seuls qui puissiez demander une indemnité? Je pense que non. Vous avez perdu par le fait de la révolution : il faut donc indemniser tous ceux qui ont perdu par le fait de la révolution; sinon, non, ou nous serions injustes. Après cela, il s'agira de fixer l'époque où a fini la révolution : je crois que c'est au 30 mars 1814.

Mon auteur reconnaît que la propriété du clergé était plus sacrée que celle de la noblesse. Mais il dit que le clergé est *une admirable puissance pour acquérir. Qu'on laisse*, dit-il, *les citoyens libres de lui donner. La noblesse, au contraire, n'a nulle voie de réparation de fortune : il faut donc venir directement au secours de la noblesse; on ne doit venir qu'indirectement au secours du clergé.* Ici j'avoue que mon auteur a raison : car comment la noblesse pourrait-elle avoir de la fortune, si on ne lui en donnait pas? Quel aveu naïf !

Cependant les nobles avaient de grands biens. Comment donc les avaient-ils acquis, puisqu'ils n'ont nulle voie de fortune? Ils les tenaient de leurs pères. Mais leurs pères de qui les tenaient-ils ? Vous allez voir qu'on les leur avait donnés, ou bien vous allez trouver quelques ancêtres roturiers.

Quant au clergé, je suis d'avis, moi, qu'on le secoure, c'est-à-dire qu'on améliore son sort. Je voudrais qu'on diminuât le traitement de quelques employés, voire même des ministres d'Etat, et qu'on augmentât celui des pauvres desservans de campagnes; et même que dans tous les cas on donnât un peu à nos vieux et respectables curés, avant messieurs les émigrés. Mais donnez une indemnité à ceux-ci : car il ne s'agit pas moins, *pour les détenteurs des biens, que de la réhabilitation même de leurs personnes et de leurs propriétés.* Cela ne plaisante pas. Réhabiliter veut dire rétablir, remettre en état, dans le premier état. Je ne savais pas encore que les détenteurs de biens nationaux eussent perdu leur état, et qu'ils eussent besoin de réhabilitation. C'est peut-être réhabilité dans l'opinion, que veut dire notre auteur ? Alors, c'est à peu près dix millions d'individus (il y a bien cela, tant petits que grands, et le nombre augmente tous les jours par les partages) qui sont perdus dans l'opinion d'une vingtaine de mille personnages ; et cela est un grand point dans l'Etat. Quant aux propriétés, l'espèce d'interdit dans lequel on les met ne les empêche pas de produire du blé et des choux. Sachez bien, Monsieur l'auteur, que si les premiers acquéreurs ont eu tort d'acheter, le plus grand nombre a acquis et achête tous les jours, loyalement et paie en bons écus. Vous deviez au moins faire une petite exception, car il faut être juste en tout.

Encore un mot, et j'ai fini avec mon auteur. *S'il arrive souvent*, dit-il, *de confondre des pro priétaires quels qu'ils soient avec les nobles, c'est qu'ils avaient pris parti pour eux : la roture s'est faite comme noblesse en défendant la cause de la noblesse.* Entendez bien ceci : si l'on confond des propriétaires avec les nobles, c'est qu'ils ont défendu les nobles, et le roturier s'est fait comme noble, c'est-à-dire que le roturier s'est fait une espèce d'animal entre chien et loup. Avis aux amateurs.

Au moment où j'écris, dit en terminant mon auteur, *il y a tel émigré ou tel enfant d'émigré, autrefois grand propriétaire, qui se trouve pauvre et peut-être à la merci (que sais-je) de parvenus autrefois ses vassaux.*

Qu'entendez-vous par ces paroles, Monsieur ? Parlez-vous du temps de Chilpéric ou de Charles IX ? Quand aviez-vous des vassaux et quels sont ces parvenus ? Avez-vous un édit qui vous adjuge tous les emplois, toutes les charges ? Ayez donc aussi un édit qui vous donne tous les talens, car vous aimez qu'on vous donne même des biens, vous l'avez dit. Allez, Monsieur, votre mot de *vassaux* serait insolent s'il n'était ridicule.

Mais si ceux qui étaient *des vassaux*, faisaient comme vous bande à part, s'ils ne faisaient des affaires qu'avec d'anciens vassaux, comment vous arrangeriez-vous ? Prenez-y garde, tous ne sont pas de gros banquiers.

Si je me chargeais de la cause des émigrés, voici ce que je dirais : Autrefois les Français étaient divisés par classe, aujourd'hui ils sont réunis sous une même loi. Qu'ils ne portent leurs regards en arrière que pour y chercher des inspirations généreuses. Français, vous êtes tous de la grande famille : séchez les larmes de vos frères. La révolution a dévoré leur pain ; ils ont tout perdu : venez à leur secours, que tout soit oublié entre vous : souvenez-vous seulement que vous êtes les enfans de la patrie, et que vous devez être amis.

Je pense que, pour être entendu en France, quand il s'agit d'une bonne action, il n'est pas nécessaire d'appeler à son aide le tyran de Sicyone, ni de prendre pour porte-voix M. Ouvrard, ni même M. Dard.